# SUFRIMIENTO INNECESARIO

## Seis Cuentos de la Serie

## "Historia De Codependientes"

# Sufrimiento Innecesario

**Historias de Codependientes, Volume 1**

Maru Ruzicka

Published by Maru Ruzicka, 2024.

SUFRIMIENTO INNECESARIO

**First edition. September 26, 2024.**

Copyright © 2024 Maru Ruzicka.

ISBN: 979-8227445285

Written by Maru Ruzicka.

# Tabla de Contenido

A todos aquellos que sufren de codependencia y no lo saben.

# INTRODUCCIÓN

Una vez que un escrito es interpretado por el lector, deja de pertenecerle al autor. Es posible que quien lea los cuentos que siguen a esta introducción no entienda por qué forman parte de la colección "Historias de Codependientes" o por qué se agrupan bajo el título "Sufrimiento Innecesario". El juego podría comenzar por allí.

Esta colección de seis cuentos es un preámbulo para cuestionar la idea de que la codependencia es algo obvio y estereotipado. Excepto por "Límites", todos los cuentos tratan sobre mujeres, lo cual refleja mi experiencia con la recuperación de la codependencia, mayormente habitada por mujeres en busca de sentido a sus hábitos autodestructivos.

Los cuentos, inspirados en historias reales y ensamblados como un cobertor, exploran la codependencia desde diferentes ángulos. Por ejemplo, en "Treguas", se aborda el deseo fallido a través de las apariencias mientras se traiciona la intimidad. En "El Almuerzo", una mujer se presenta como devota y religiosa, aunque su relación con su familia - especialmente con su hija - es de control y no de amor. "Arena" y "Coletos" muestran incidentes dolorosos de la infancia que pueden descarrilarse hacia el control codependiente, mientras que "Límites" explora el uso de la jerga de recuperación para justificar motivos. Finalmente, "Dragón", el cuento más corto, hace una alegoría al lenguaje como el hogar del ser, cuestionando si el concepto precede al nombre o viceversa.

Es altamente probable que el lector encuentre su propio camino y no se identifique con mis intenciones. Ello no solamente es valioso, también es importante para profundizar en el sufrimiento innecesario de nuestras historias personales de codependencia.

# TREGUAS

Recién llegada a Finlandia, la luna de miel con su marido decayó en picada, más rápido que cualquier predicción malintencionada. El entusiasmo inicial dio paso a la realidad de que Ana se casó por interés y que Rafael se comprometió porque la pasión lo había sorprendido con la guardia baja.

Mayor que Ana, él era considerado un solterón bebedor mientras que a ella se le veía como una inestable con aspiraciones de artista en una familia con suficientes pesares. A Ana le gustaba la danza moderna, los pintores y especialmente los poetas, todo lo cual causaba poco respeto y mucha burla entre sus familiares colombianos. Especialmente cuando la veían danzando con movimientos erráticos y expresión lejana.

Ana y Rafael recontactaron en una de las visitas de él a su pueblo natal. Habían sido vecinos y se medio conocían. Ana, que pasaba otra de sus crisis existenciales, vislumbró una solución a su alcance. Fiel a su idea de romántica a toda prueba, puso a circular una historia que tuvo mucho éxito entre las aliviadas familias de ambos: Rafael había estado enamorado, esperándola desde que ella era una jovencita alocada y él un Romeo despechado que se había ido a Europa a lamer sus heridas.

Al principio, el entusiasmo de todos fue genuino. Él volvió a Helsinki, donde vivía, y tras un breve noviazgo plagado de trámites, Ana viajó al mundo modesto de un mecánico expatriado.

La convivencia, más que otra cosa, agitó las inseguridades y demonios de cada uno. Rafael bebía a diario y pronto dejó de filtrar sus opiniones sobre lo controladora y perversa que era

Ana. Después de todo, él había vivido como emigrante, feliz y en paz sin ella por más de veinte años. Con el abrazo de la convivencia, Ana encontraba a este marido necio, falto de profundidad y extraviado como amante.

Las cosas iban de mal en peor cuando, inopinadamente, llegó un armisticio. Ana se embarazó y Rafael se llenó de fantasías porque la idea de un hijo varón lo llegó a ilusionar.

Durante la tregua, el dinero no abundó pero sí las ilusiones y Rafael se propuso beber solamente los fines de semana. Entonces, cuando se embriagaba, ya no se quejaba de lo mandona e injusta que era Ana ni de su libertad perdida, sino que se ponía majadero describiendo los deportes que iba a practicar con su hijito y lo mucho que se iban a divertir juntos.

No pasó mucho tiempo antes que descubrieran que esperaban una niña. Rápidamente ambos ajustaron las expectativas y se aferraron con dientes y uñas a aquella tregua en medio de la insoportable convivencia.

El embarazo siguió dulzón, el sarcasmo atemperó un poco y la bebida parecía bajo control, aunque Ana sospechaba que Rafael estaba algo decepcionado. Por eso se mordía la lengua con frecuencia especialmente para no criticarlo cuando encontraba sus gustos cenizos, sin asombro ni imaginación.

En ese espíritu de buena voluntad, pronto descubrió que tejer y coser cosas primorosas para su hija le alimentaba el espejismo de familia feliz. Además, se veía hermosa con el vientre curvo y los cabellos largos y sedosos. La redondez del embarazo le sentaba bien; favorecía tremendamente su cuerpo de otra forma magro y anguloso. Le gustaba verse guapa y eso la compensaba suficientemente. Además, ella y Rafael amaban el aire libre y coincidían en su asombro por la naturaleza drástica e implacable de Finlandia. No todo era un desastre.

Sin embargo, la nube de la desgracia los perseguía. Isidora, la hermana esquizofrénica de Ana, había abandonado su medicación y ahora vivía con mendigos, drogándose y en una eterna borrachera que escandalizaba el pueblito colombiano de donde eran. Ana temía que en cualquier momento vendrían noticias del desenlace macabro de su hermanita y su corazón se revolcaba de impotencia y tristeza.

Bajo ese contexto era difícil compartir con la familia colombiana imágenes de la abundante Helsinki. Ella había llegado en primavera y muy pronto conoció el verano tornasol y lleno de promesas de una tierra que pasa la mayor parte del tiempo bajo hielo. Las bibliotecas eran de ensueño - como Ana las había imaginado - pero no podía disfrutarlas por lealtad al sufrimiento de su familia.

Ana, sufría por su hermana, no había libro o aurora boreal que le mitigara el dolor por los suyos y tragaba su pena sintiendo que la bebé absorbía el dolor que la crucificaba. Su sensación de culpabilidad era tan grande que empezó a odiar el embarazo. No veía la hora de que la bebé saliera a la luz para al menos tener ocasión de sentir y llorar sus miedos sin el remordimiento de estar haciéndole daño a la criatura dentro de sí.

Como no concebía odiar a la bebé, comenzó a odiar a Rafael con disciplina de madre. La irritaba cuando él reclinaba su cabeza en su vientre redondo. Le parecía ridícula la voz traposa con la que el papá se dirigía su hija, contándoles chistes ramplones y fantasías deportivas. En esos momentos, a Ana le daba placer retratarlo como poca cosa.

- ¡Ay sí, bebé! No ves la hora de venir a conocer a tu papá que bien podría ser tu abuelo y que no tiene ni siquiera un título universitario - decía dirigiéndose a la barriga pare enseguida guiñarle un ojo a su marido arrebatándole así hasta la posibilidad de ofenderse.

Rafael trataba de no acusar el golpe y, para sí, culpaba a las hormonas por la crueldad de su mujer, pero durante el último trimestre del embarazo comenzó a beber a diario otra vez.

Ana parecía recrearse en encontrar insultos que retrataran a Rafael como un simplón con suerte y en un par de ocasiones lo abofeteó enfureciéndose más por su actitud de borrego degollado. En cierto punto, hubiera preferido que Rafael contratacara. Lo habría respetado más si al menos la hubiera zarandeado. Si él hubiera resistido la injusticia quizás podría haberlo querido un poquito.

Muy pronto, llegó el otoño y los remolinos de hojas secas - con sus colores decadentes - daban un marco operístico a la maldad de Ana. Ella se justificaba internamente porque - en medio de su miseria - imaginaba una belleza siniestra, recordaba a los poetas malditos y creía que desahogándose no dañaba a la criatura dentro de sí.

Por fin llegó el parto y resultó ser una bebé saludable de ojos redondos y enormes como los de su papá y cabellos abundantes y lacios como los de su mamá. La llamaron Eleonora.

Como si hubieran abierto una compuerta, Ana comenzó a exteriorizar toda la mierda que había represado durante el embarazo y se volvió descaradamente agria y mezquina. El dinero escaseaba y el invierno, llegó tempranamente con una crudeza extraordinaria. Los días oscuros y fríos la atormentaban con su encierro. Ella, que venía del trópico, languidecía encerrada en esta oscurana.

Para ahorrar, usaban el mínimo de la calefacción y ella siempre tenía frío al estar en casa. Salir con el cochecito era una tortura y cargar a la bebé con las calles tapizadas de hielo y nieve, un peligro. Sus días pasaban monótonos y sucios encerrada en la casa sin ánimo de cocinar o limpiar y apenas atendiendo a la pequeñita en lo mínimo. El apartamentico comenzó a oler mal.

Entonces, se le ocurrió escapar estudiando de noche.

Rafael llegaba después de la hora de cena agotado por los turnos extras que tomaba con el anhelo de nivelar los gastos. Cuando Ana le informó de su proyecto de estudiar de noche, a él le alivió la posibilidad de un tiempo a solas con la bebé, sin la brutalidad y reproches de Ana, por lo que aceptó contento, quizás con la esperanza de algún reconocimiento por su bondad.

Debido al horario nocturno, Ana solamente pudo tomar unas clases de inglés con finés inicial. La profesora era una rusa gorda y desinteresada que no hablaba muy bien la lengua y tenía todavía menos interés en enseñarla. Ana estuvo a punto de renunciar porque toda la clase era deprimente: el edificio con luces de neón y aulas impersonales, los estudiantes, la mayoría del norte de África, que hedían tras jornadas de trabajo. Las tareas absurdas y repetitivas.

A la tercera clase, sin embargo, algo prodigioso ocurrió: la profesora enfermó y vino un sustituto argentino. No era guapo y vestía como un patiquín, pero su finés era excelente, su inglés como de nativo y mostraba muchas ganas de innovar.

Aunque, en un principio, las ínfulas del profesor le impacientaron, Ana vio su oportunidad de brillar. Sobre todo, la halagó la admiración en los ojos del argentinito cuando supo que ella tenía una maestría en didáctica. Así comenzaron las reuniones tras las clases, en las que Ana derrochaba creatividad. La siguiente semana ya eran amantes.

Rafael estaba muy confundido con la nueva energía y ensimismamiento de Ana. Aunque ahora se ocupaba más de la bebé y de las tareas de la casa, lo hacía de prisa y sin apego como un tránsito entre lo que realmente le importaba que era irse a las clases de idiomas. Incluso los fines de semana - que tradicionalmente los reservaban para los amigos - ahora estaban llenos de supuestas excursiones y tareas de la clase.

Visto de lejos, nada había de original en una mujer huyendo de su mala escogencia con otra mala decisión. Después de todo, las familias infelices son las que se parecen unas a otras.

Nuevamente, la tregua duró poco. Las excusas de Ana se deshilachaban y la exaltación de la aventura se amargó con la mala conciencia. Ahora Ana peleaba más con el amante que con el esposo. El sexo era cada vez menos apetecible y el profesor, cautamente, empezó a prestar más atención a otras estudiantes menos calificadas y también menos conflictivas que Ana.

Por si fuera poco, Ana se sabía blanco de las burlas por lo que era obvio para el resto de sus compañeros: ya no era la favorita. Deseaba ardientemente dejar las clases, pero ahora estaba atrapada en la maraña de manipulaciones que inventara para garantizarse el tiempo con el amante. Así que siguió yendo con la parpadeante esperanza de que el profesorcito olvidara las peleas y pudieran empezar de nuevo. Era un sentimiento amargamente familiar para ella.

Resentía no poder recibir consuelo de Rafael en su derrota. Secretamente lo culpaba por haberla obligado a echarse en brazos de un mediocre arrogante. Peor aún, le avergonzaba no tener ella misma ningún interés por la fantasía de una familia feliz.

Eleonora, la bebé, parecía comprender que su refugio era su papá y pronto ya no quiso recibir el pecho de esa mamá ausente. Ana se sentía doblemente estafada y aunque no contaba con muchas energías para pelear, de cuando en cuando, estallaba con un magma denso de asco por la vida que tenía. Ahora, además, se sentía nauseabunda la mayor parte del tiempo.

Pensó que sería algo hormonal por la abrupta destetada pero los olores le repugnaban, los senos estaban hipersensibles y fue inevitable darse cuenta de que estaba embarazada. Del profesor sin duda porque no había tenido sexo con Rafael desde que comenzara las clases nocturnas.

El pánico la invadió y antes de hacerse una prueba de embarazo, se propuso fornicar con su marido, padre de su hija, todo lo que le fuera posible. Genuinamente, esperaba que eso cambiara el equívoco y que, al final, estaría embarazada de Rafael. Fue así como conoció los tormentos de las prostitutas.

Rafael, en cambio, recibió el sexo como un alivio inmerecido del rechazo al que ya estaba acostumbrado y - con la simplicidad de la que Ana lo acusaba - aceptó el cambio con la ilusión de reconstruir el romance que nunca habían tenido.

En la cama, él no tenía expectativas de calificar para los estándares de su mujer pues bien sabía que ella tenía más experiencia y creatividad así que, cuando intimaban, trataba de ser cómico, cariñoso y breve. Aun así, el rechazo del cuerpo de Ana era tan visceral que más de una vez tuvieron que interrumpir para que ella vomitara.

Ana ¡claro! pretendía necesitar pausas por el calor de la pasión. Con la ducha abierta, arqueaba todo lo silenciosamente que podía a sabiendas que Rafael no dudaba que se estaba refrescando porque él era incapaz de sospechar de la misma manera que algunas personas no tienen olfato y son incapaces de oler.

En una de esas ocasiones cuando ella volvió al lecho, lo encontró en el paroxismo de la masturbación. La estocada final fue verlo eyacular plenamente, como si le diera lo mismo el cuerpo de Ana o su propia mano. Evidentemente no se enteraba del tormento que significaba para ella que él la penetrara, sudara y jadeara sobre su cuerpo de Ifigenia. Sin poder controlarse, se le abalanzó como si necesitara quitarle de encima una mujerzuela con quien lo había descubierto.

Rafael, asustado, trató de contenerla, pero Ana era una medusa que le arañaba el pecho, lo abofeteaba y trataba de acertarle en los testículos con las rodillas. Enzarzados en la cama ambos cayeron al piso y forcejearon por un rato. De pronto, Ana sintió una punzada en el vientre que la paralizó y Rafael sintió un calor inexplicable en sus muslos. Ana sangraba.

Por un instante, Rafael la apretó contra sí como si de esa manera pudiera cortar el flujo de sangre. Luego se incorporó y con ayuda de unas toallas, la envolvió y llevó hasta la cama con gran delicadeza. Se vistió a toda prisa y llamó una ambulancia.

Los movimientos de Rafael eran precisos como si supiera muy bien qué hacer en esta emergencia. Mientras los paramédicos llegaban, reunió todo lo necesario para partir con la bebé y se ocupó de darle a la lívida y silenciosa Ana pequeños sorbos de agua. Llegado el momento, siguió presto la ambulancia.

La emergencia estaba abarrotada. Luego que Rafael vio a Ana desaparecer entre las puertas del quirófano sintió que se iba a desmayar. Entregó la niña a la enfermera más próxima y cayó de rodillas. Sin pizca de compasión, la mujer le espetó en finlandés:

- Póngase de pie ¡Aquí no tenemos tiempo ni energía para dramas!

Obedientemente, Rafael se paró mientras una pareja de mediana edad que estaba en la espera lo ayudaban a sentarse y recibían a la pequeña Eleonora.

Un par de horas más tarde, ya un poco más repuesto gracias a un café aguado y varias historias que le contaron sus amigos improvisados, Rafael vio a un hombre negro con uniforme de cirugía haciendo gestos de que lo siguiera. Asustado, recuperó a la bebé, agradeció a la gente que lo había ayudado y se dirigió con el corazón en la boca a saber de Ana.

En el pasillo, con la nerviosidad del inglés somalí, el enfermero le hizo un resumen: su esposa tendría apenas unas pocas semanas de embarazo. El sangramiento parecía debido a un trauma menor ¿Se había caído de la cama? No eran raras esa clase de pérdidas tan tempranas pues la madre estaba muy anémica. Lo único que pudieron hacerle fue un curetaje. Ya no había embarazo que salvar. Ella estaba bien, aunque muy conmocionada. Tendrían que dejarla en observación, indicarle polivitamínicos y mucho reposo. Si él quería, podría acompañarla en la noche, pero no con la bebé. De momento los dejaba a solas.

El enfermero concluyó con un gesto viril de resignación apretando el brazo de Rafael como dándole ánimo. Antes de irse, ajustó suavemente la luz para que el cuarto no estuviera totalmente en penumbras.

Cuando Rafael por fin vio a Ana en la cama, el perfil de su mujer le sorprendió de mala manera. La nariz ganchuda parecía de una máscara funesta. Se veía fea y demacrada, con el cutis escamoso. Más pequeña y flaca de lo que la recordaba. Y bajo las sábanas una barriguita - casi de la misma altura que los pechos - se destacaba como un mal chiste.

Rafael se asustó por esa percepción atroz y completamente fuera de lugar en un momento tan aciago. Avergonzado, como un niño aferrado a su cobijita, oprimió a Eleonora que dormía en su pecho e hizo un esfuerzo para contar sus bendiciones. Suspiró agradecido porque su mujer estaba fuera de peligro y se prometió volverse el mejor marido que alguna vez existiera.

Ana estaba despierta pero no reaccionó ante sus visitantes. Cuando él la tomó tiernamente de la mano, giró la cabeza como si flotara. Con un tono de maestra y una voz muy queda solamente dijo:

- ¿Sabes? El cirujano me dijo que era un varón.

# EL ALMUERZO

Abre los ojos y le gusta el día que se avecina. Le gusta su cuerpo. Le gusta su casa. Le gusta su grupo de contemplación. Lástima el pendejo de marido que yace junto a ella.

Pendejo.

Hace poco buscó la definición en el diccionario: un pendejo es un pelo ubicado en la zona anal. Es, por tanto, algo que continuamente se embadurna con mierda. Como su marido, que se pone en donde lo van a descalificar y se deja. Y después llega a la casa furioso, frustrado y se desquita con los hijos.

Conmigo no se le ocurre. Ya pasamos esos páramos y él aprendió a meterse con uno de su tamaño.

Bueno, mis hijos ya no son tan niños. La menor ya tiene 15. Fue una suerte que llegó en el último embarazo si no estaría atascada en una familia de hombres.

Tampoco me vale de mucho porque me ataca continuamente. Como si fuera mi enemiga o mi rival. No es cosas de adolescencia. Siempre ha sido así.

Cuando apenas tenía nueve años, durante un almuerzo, llegó contando de una mamá horrible, ramplona y grosera que ponía quejas en la escuela y avergonzaba con su vulgaridad a su hija ante sus compañeros de clase.

Ese día monopolizó hasta la atención de su papá, quien tiene por regla que no se hable en la mesa. Cuando, con esa elocuencia que

Dios le dio, ya había pintado una mujer despreciable y chabacana rematό con:

- Imagínense que es casi, casi tan horrible como mi mamá.

Ese día tuve que morderme los labios para que no se me saltaran las lágrimas con las carcajadas de los tres varones y el ataque de risa del pendejo de mi marido.

Requirió todo el autocontrol del que dispongo para sonreír y seguir llevándome diminutos bocados a la boca. Apenas podía tragar. Me temblaban las manos.

Darline me miró con satisfacción. Éramos las hembras de la mesa y las únicas que no reíamos a carcajadas.

A ella no se le escapó nada de mi reacción ¡y se ve que la disfrutó!

Ese día, esperé por la siesta de su papá, que como siempre duró media hora antes de irse a su trabajo. Los chicos tenían juegos y cosas que hacer y Darline estaba como de costumbre adherida al teléfono.

No despegué un ojo de ella, aunque parecía que me estaba ocupando de mis cosas habituales: limpiar el altar en donde rezaríamos el rosario en familia por la noche, regañar y dar instrucciones a la doméstica y acicalarme para mi grupo de contemplación.

En el segundo que vi partir a mi esposo, sin más ceremonias, tomé a la pequeña bribonzuela por un brazo y le corté la llamada.

Su primera reacción fue de sorpresa.

Se preparaba a protestar cuando debe haber visto en mi expresión el peligro en el que se encontraba porque ahogó un grito y se ruborizó intensamente.

Tampoco perdí nada de su reacción y también la disfruté.

Casi la arrastré hasta mi habitación.

Me encanta mi habitación. Me siento poderosa en ella. Es muy femenina, toda blanca excepto por la madera. Lo único que destaca es el crucifijo de bronce sobre el cabecero.

El piso es de cemento blanco pulido. Me quedó mucho mejor que el mármol que tenía en mente porque el cemento blanco es sencillo y aunque humilde, resplandece. Le luce mucho más la textura de la suave piel de reno al pie de la cama. Al final el cemento proyecta más lujo, pero no es obvio como lo sería el mármol.

Tardé años en lograr el efecto que quería: algo etéreo de la novia que es inocente, ignorante y se va a entregar a un pendejo como mi marido, pero también la sobriedad limpia de una monja que es más astuta y se entrega a Cristo.

Me imagino que a mi esposo le incomoda la feminidad en la blancura de nuestra habitación pero, como es un hombre, no sabe cómo protestar con la decoración como tópico. Mientras yo no le riña por sus zapatos sucios o su desorden ¡qué más le da!

Igual trata nuestra habitación como la habitación de un hotel. Lo que cuenta para él es que no tenga que cuidar de nada.

Yo me incomodo un poco con su desastre pero, junto con dormir con él, es un precio que pago gustosa por la conquista de mi espacio.

Dudo que alguno de los varones haya pasado más de cinco minutos en este cuarto, pero sé positivamente que Darline lo admira y se siente igualmente intimidada o envidiosa porque mi territorio es exactamente como lo quiero y ella no tiene esa clase de libertad.

No, mientras viva en mi casa.

El día de su afrenta en el almuerzo, cuando llegamos a mi habitación, Darline sabía que había cruzado un límite de no retorno en nuestra guerra personal de madre e hija. Y también ¡que iba a pagar el precio!

No se imaginaba lo que venía. Para ser sincera, tampoco yo.

Una voz, venida de lo más profundo de mi sobrevivencia le dijo

- ¿Te pareció brillante lo que hiciste hoy en la mesa?

No esperé por su respuesta. Ambas sabíamos que era una pregunta retórica.

Despacio, casi susurrando y - tengo que admitirlo - drogada con mi poder sobre esta pequeña diablilla, le dije:

- Si logras tu cometido y convences a tu papá de que soy despreciable ¡adivina qué! cuando él se vaya te va a abandonar a ti también.

No hizo falta más. El horror en su mirada me probó que había comprendido las implicaciones de mi declaración.

Me pregunto si tengo que consultar con mi guía espiritual sobre este episodio. Desde ese día, es innegable que Darline Katherina perdió algo de su seguridad.

Aun cree que se lo merece todo tan solo por ser la única hija. Sigue siendo una pedazo de arrogante y engreída, pero es más cautelosa en sus ataques hacia mí y definitivamente hay tristeza y desesperanza en la manera como mira a su papá.

No me hago ilusiones de que sea mi aliada por amor, pero es mi aliada. Quizás no me respete, pero sé que me teme y eso es suficiente para mí. Algo se rompió en ella después de que puse las cosas en su lugar aquel día de su ataque en el almuerzo.

Es un don que Dios me ha dado. Mi capacidad de organizar.

# DRAGÓN

Todo comenzó cuando Mariel encontró un dragón cerca de la puerta. Era pequeño. Un dragoncito. Al principio lo vio como una hoja seca arrastrada por sus botas de jardinera.

Después vio con atención y se dio cuenta de que el cadáver tenía un pico y una cola de rata. La gata le insinuó que era su cacería. El esposo, un poco asqueado, le aclaró que era una musaraña.

Si todo fuera tan sencillo como encontrar un nombre al sinsentido. Así picos y patas, colas de rata, cacerías y abandonos pueden adecuadamente nombrarse: musaraña. Un nombre ilógico para un animalito que no es silvestre y tampoco es una peste.

Y se puede dejar atrás la idea del dragón. Ya no es necesario el mito.

# LÍMITES

Yo sé que he estado en terapia por largo tiempo y todavía siento que no soy buena con límites. Pero ten en cuenta que cuando he puesto límites he pagado un alto precio. Por ejemplo, la historia con Daniel.

- ¿El amigo que dejó de hablarte antes de morir de enfisema pulmonar?

- Ése.

- ¿Qué fue lo que pasó? Recuerdo que él quería obligarte a quedarte con una amiga durante una reunión...

- Fue así: Daniel vivía en Colorado en una casita preciosa muy cerca de las Siete Chorreras.

Para Acción de Gracias de ese año le habían dado unos pocos meses de vida. Difícilmente un año. Él nunca me lo dijo. Lo supe por nuestro amigo común Elías, el contador, quien - ahora me doy cuenta - me estaba "cocinando" para evitar que yo fuera "la difícil de la reunión."

Yo ¡que siempre fui la protectora de los sentimientos de todos! era considerada la manzana de la discordia ¿puedes imaginarlo? Creo que Elías me informó la situación extrema de Daniel para que tratara de respetar sus deseos sin polemizar.

- ¡Tienes tantos conocidos que es difícil llevar el hilo!

- Esos son mis amigos más cercanos, los de la universidad. Casi todos éramos de pueblitos del Medio Oeste y estudiamos en este colegio universitario de Wisconsin chiquitín, católico y, sin embargo, muy artístico y liberal.

Mi grupo era el de los raros aburridos. No éramos intelectuales o bohemios. Ninguno tenía o ambicionaba una carrera artística. Es cierto que nos encantaban los museos, los conciertos y definitivamente las noches relajadas con cuentacuentos, vinos y cervezas pero hasta allí llegaba nuestro valor para ser originales.

Con la Madre Creatividad nuestro intento era tímido y la respuesta nula.

Todos éramos buenos narradores y nuestro sentido del humor, aunque un poco oscuro, era decente.

Sin embargo, no teníamos la audacia de explorar nuestros dones con la escritura o de intentar, ni siquiera, hacerlo teatralmente en las noches de aficionados para comediantes.

No me malentiendas. Éramos todos buenos estudiantes, pero éramos seguidores, nunca innovadores y así evolucionó nuestra formación profesional: Elías - ya te dije- se metió a contador. Daniel terminó siendo psicólogo, Dinora nutricionista (siempre sospeché que era bulímica) y yo estudié administración, pero terminé trabajando como recolectora de donaciones parar museos y teatros: una forma muy sofisticada de mendigar a la gente que invierte dando migajas a las artes.

- Pero volvamos a la razón por la que Daniel te execró...

- Déjame que te explique nuestra geografía y circunstancias porque es esencial para que comprendas lo que pasó.

Dinora terminó casándose con un hombre más aburrido que nosotros, aunque acomodado económicamente. Abandonó su carrera y se convirtió en mamá de dos hijos que se fueron de casa en cuanto pudieron tras el divorcio. No recuerdo que fuera nada trágico, solamente que no se toleraban y el marido siguió siendo un amigo sin sobresaltos hasta que murió.

Tras graduarse ella y Daniel se habían mudado a Colorado y Elías a Nuevo México. Yo fui la única que me quedé en Wisconsin. Lo mismo que en mi familia, fui la única de mis hermanos que se quedó.

Dinora siempre fue la más cercana a Daniel y yo envidiaba su cuerpo (así fuera gracias a la bulimia) su familia (así hubiera terminado en fragmentos), su pensión de viuda (que le permitía vivir holgadamente sin trabajar) y su amistad tan próxima con Daniel que, sin duda era el más intenso de nosotros.

Desde la universidad, Daniel fumaba pipa. ¡Oh! cómo me gustaba el aroma acaramelado de madera sedosa del tabaco de pipa que anticipaba gratas conversaciones.

No era terriblemente buenmozo, pero su barba era apretada y tan oscura que le daba algo de intensidad ibérica y freudiana. Mucho antes de que me pudiera dar cuenta de que era gay, yo esperaba que mi gentileza y mi atención a la comodidad ajena lo cautivaran.

Éramos casi de la misma estatura y él parecía cómodo colgando el brazo sobre mis hombros como viejos compañeros de juerga. Sin embargo, yo tenía suficientemente evidencia de que le desagradaba la obesidad y yo siempre fui gorda.

En una ocasión, cuando todavía éramos estudiantes, estábamos buscando en el clóset del gimnasio unas raquetas para jugar pimpón y después de saludarme me dijo:

- Oda cada vez es más difícil acercarse a ti cuando te abrazo.

- Me dolió tanto que usara su sarcasmo para describir el volumen de mi cuerpo, pero ¡aunque parezca mentira! me ilusionó la implicación de que quería acercarse a mí.

En esa ocasión tuve una de las pocas audacias de mi vida y le repuse:

- Puedes estar tan cerca de mí como y cuando quieras.

Pude ver un destello de horror en su mirada y luego una respuesta muy firme e inequívoca:

- Es muy dulce contar con amigos que te aceptan tal como eres. Gracias, Oda.

Había algo tan helado en su compostura que me paralizó. Estoy segura de que me quedé con la boca abierta (ese gesto que revela mi peor reacción). Así estaba cuando Elías vino a tratar de ayudar y seguimos el rato como si ese rechazo de Daniel nunca hubiera ocurrido.

- ¿Estabas enamorada de Daniel?

- No realmente. Era como un mal hábito de mi infancia. Siempre buscaba el más guapo o interesante del grupo y empezaba a fantasear que estaba enamorado de mí. Era algo que me animaba a arreglarme mejor y a ser más dulce alrededor de la gente porque me sentía observada por ese "amor secreto".

- ¿Y cómo supiste que Daniel era gay?

- Elías me lo dijo. Él también era y aparentemente, Daniel lo usaba para hacerme saber lo que no quería decirme directamente.

- ¿Y cómo reaccionaste?

- Me comporté muy natural como si hacía tiempísimo que sabía que ellos eran gay.

- Refréscame el cuento ¿Eso fue lo que causó que Daniel no te hablara más?

- No, no. Mi "avance" y el rechazo de Daniel ocurrió cuando estábamos en la universidad. Después nos graduamos y periódicamente hacíamos planes para un viaje corto juntos o una visita. Nunca quisieron venir a mi casa pero en dos ocasiones nos quedamos en Colorado: una vez en casa de Dinora y otra en un resort que alquilamos.

Yo odiaba la idea de que Dinora fuera mi anfitriona y de ver su clóset con ropas de buen gusto y tallas decentes... cuando yo seguí aumentando de peso. De alguna forma conservé el estilito de la universidad, algo excéntrico y hippie pero no demasiado original. Siempre tratando de cubrir con telas de mucha caída las desagradables curvas de mi cuerpo.

- ¿Y qué pasó en la última reunión cuando Daniel te dejó de hablar?

- De acuerdo con lo que me contó Elías, Daniel había planificado la reunión como una despedida porque ya le quedaban pocos meses de vida.

Seguía fumando a pesar de la deficiencia respiratoria y no tenía pareja (que yo supiera). Por lo que le entendí a Elías, Daniel quería hacer una gran cena y brindar y recordar con nosotros, sus amigos de toda la vida. Tenía todo planificado: Yo me quedaría con Dinora, Elías en su casa y él se iría a una suite en un hotel carísimo que quedaba cerca.

- ¡Qué dices! ¿Daniel, el anfitrión se quedaría en un hotel?

- Creo que era para que la casa - en la que haríamos la cena - se "desintoxicara del olor a tabaco". Se supone que eso le permitiría seguir fumando mientras durara la visita y Elías se ocuparía de la limpieza de cortinas y otras cosas que acumulan el olor. Quería que todo fuera perfecto para esa cena.

Su casa, que tenía un anexo para sus consultas, era impoluta y minimalista, pero el hábito de fumar siempre hace mella.

Elías me contó que Daniel planeaba no fumar durante la cena y todos tendríamos una velada sin excusas para enfocarnos en el deterioro de su cuerpo.

- ¿Y entonces?

- Ahí fue que consideré que sería un buen límite expresar que no quería quedarme con Dinora y sí con Elías en la casa de Daniel.

Daniel - después me lo hizo saber - estaba muy irritado.

- ¿Y por qué no te quedaste en un hotel?

- Me parecía que me rebajaban si me quedaba con Dinora o si tenía que pagar por un hotel cuando Elías se quedaría de gratis y Dinora ni siquiera había viajado.

- ¿Te puedo interrumpir con una pregunta técnica?

- Preferiría que no, pero ya te conozco. Dime.

- Es que no entiendo cómo se trata sobre tus límites si es lo que pasa en la casa de otra persona.

- ¡Muy fácil! porque eso era lo que yo quería. Toda mi vida me he adaptado a lo que otros quieren. Esta vez era lo que yo quería y me mantuve firme en eso ¡Por una vez puse mis límites, aunque incomodaran a otros!

- pero ¿te quedaste en la casa de Daniel?

- Sí, pero ¡válgame que todos estaban incómodos conmigo! Daniel estaba tan irritado que no pudo evitar fumar durante la cena, pero ni siquiera fue su pipa perfumada sino unos tabaquitos que parecen puros de miniatura y no huelen muy bien.

Durante la cena Elías apenas alzó la mirada, creo que porque sus ojos estaban enrojecidos y lagrimosos como si le doliera que la cena no pudo ser tan perfecta como Daniel la planeó.

Dinora se comportó amena y amable, pero sobre todo hizo gala de su complicidad con Daniel asistiéndolo con el tanque de oxígeno de una manera muy discreta. Sin embargo, se notaba que deseaba volver a sus territorios y comodidades tan pronto como fuera posible.

La conversación fue pedregosa y como que todos evitábamos algo, aunque no estoy muy segura de qué era, pero la comida fue excepcional y todos los detalles de la mesa de gran belleza.

Después del postre, café, un licor digestivo todo preciosamente servido en una especie de coreografía entre Elías y Dinora, Daniel nos abrazó despidiéndonos a uno por uno mientras musitaba algo. Dinora se fue de inmediato con besos en el aire.

Daniel me dejó de última tras esperar que Elías, como adivinando sus deseos, desapareciera en la cocina. Tienes que imaginarte que todo ocurría muy lentamente pues Daniel ya andaba con un bastón y el tanquecito de oxígeno que abandonaba como a un huérfano cuando tomaba el cigarro.

Cuando por fin estuvimos solos me tomó suavemente por los hombros y me miró a los ojos. Usaba la cabeza rapada y su otrora barba negra y pobladísima ahora era blanca, corta y tersa. Con el mismo tono gélido que usó aquel día en el clóset del gimnasio, me dijo:

"Oda, esta es la última vez que nos veremos en vida. No deseo saber más de ti, ni directa, ni indirectamente. Te agradezco que hayas venido y reconozco que invitarte fue un grave error logístico mío, especialmente ahora que el tiempo es tan caro para mí. No es tu culpa que no sepas respetar los deseos de otras personas. Yo te conozco bien pero, en mi defensa, me ganó la nostalgia de los tiempos bohemios."

Yo estaba como que me hablaba en un idioma desconocido, pero él prosiguió

- Sé que tu vuelo sale en la tarde, pero sería un gran detalle - en honor al cariño que nos tuvimos - que te vayas muy temprano por la mañana. Realmente me gustaría aprovechar otro rato en mi casa con Elías antes de que regrese a Nuevo México.

Nuevamente mi boca perpleja se quedó muda y abierta.

Con gran parsimonia. Daniel apagó el cigarro, tomó su bastón y su tanquecito de oxígeno y se alejó mientras yo lo veía partir distorsionado por el cristal amargo de mis lágrimas.

Al día siguiente no vi a Elías que me imagino me evitó.

Antes de irme, muy temprano, lavé los enseres de la cena y dejé la cocina impecable. Limpié muy bien la habitación que ocupé, cambiando la cama y dejando todo impoluto. Incluso usé tarros de agua hirviente con vinagre de cidra para que el vapor eliminara el olor a tabaco del comedor.

Finalmente dejé una nota en la mesa que decía:

"Lamento las incomodidades. Sé que no es fácil aceptar límites ajenos, pero me alegro de que por una vez en mi vida fuera capaz de defender mis deseos. Toda la experiencia fue muy hermosa y sé que anoche habló tu fatiga cuando me despediste. Te llamaré cuando llegue a casa. Me alegro de que disfrutes la mañana con Elías."

Nunca recibí respuestas de él.

Insistí llamándolo, con emails y mensajes de texto sin éxito. Su silencio era tan intrigante que terminé pidiéndole a Elías que verificara si Daniel había recibido mis mensajes.

Elías me aclaró que sí los había recibido y que no contestaba porque no quería tener contacto conmigo. Me da la impresión de que Elías hubiera hecho lo mismo, pero es muy pusilánime y no creo que nunca se atreva.

Pocas semanas después, mandé los acostumbrado regalos; una tradición que nos mantenía en contacto a los cuatro durante las fiestas. Sin embargo, esa navidad no recibí nada ni de Dinora, ni de Elías. Solamente recibí una gran caja de Daniel.

Dentro venían todos los regalos que le había dado alguna vez. Incluso estaba el que le llevé a la malhadada última reunión: un par de yuntas de plata preciosas que compré en La Palma, la última vez que visité las Islas Canarias.

- ¿Daniel te mandó una caja devolviéndote todos los regalos que le diste en todo el tiempo que fueron amigos?

- ¡Sí! Afiches, libros, camisas, corbatines de lacito, recuerdos de mis viajes ¡todo! Con su elegantísima letra también había una tarjeta blanca en papel de hilo que decía simplemente.

"Gracias por los préstamos ¡Feliz Navidad!"

- ¡Ni siquiera firmo!

- ¿Y eso fue todo?

- No. En enero murió el padre de Daniel, en Minnesota. Un mes después, Elías me avisó que Daniel "había seguido a su padre hacia el infinito". Tal como Daniel predijo no volvimos a hablar en vida desde aquella cena en Colorado.

Definitivamente lo de los límites siempre viene con un precio muy alto ¿no te parece?

# ARENA

ES UNA CHIQUILLA FLACUCHA, desgarbada y desorganizadísima. Hoy tras patinar en la pista de hielo por dos horas se le olvidaron las botas en el vestidor. Tiene siete u ocho años si acaso. Ha empezado a ir al gimnasio a entrenar figuras. Hace dos meses que su mamá la está dejando ir sola con el compromiso de que regrese temprano y que no pierda sus cosas.

Es emocionante empezar a tener responsabilidades. Es muy tímida todavía, pero sueña con ser patinadora de competencia. Sabe que tiene talento pero su pueblito en el Wisconsin rural apenas tiene cuatrocientos habitantes. Para ir a la escuela tiene que ir a Dodgeville a unas cuarenta millas. La escuela tiene un gimnasio y ella practica en el gimnasio todo lo que se puede.

Una patinadora que participó en unos juegos nacionales es su ídolo. Tiene una figura estilizada y flexible que, apenas advirtiéndolo, será el modelo de belleza para la niña. Le ha enseñado lo básico del patinaje sobre hielo y también sirvió como aval para que la dejaran practicar en la arena del pueblo en los días en que sólo dejan practicar a los varones del equipo de hockey.

La niña se siente importante y asustada por esta otra responsabilidad. Durante el verano hay muchos familiares y otras chiquillas que van con sus hermanos a los partidos. De alguna forma siempre se puede arreglar una carrera o un duelo de figuras con alguna niña. A veces incluso con un grupo. Su mamá siempre está alrededor dándole ánimos entre vistazo y vistazo del tejido a dos agujas que siempre la acompaña cuando sale de casa.

Su madre es una heredera de la laboriosidad noruega. Parece que no supiera descansar. En casa siempre está cocinando mermeladas, conservas, galletas, pan de papa. Sus guisos son legendarios junto con su sazón, el dominio que tiene para crear un festín con tan sólo un trozo de alguna carne, incluso algún ganso que entrara desprevenido a su patio. Sólo añade algunas hortalizas, unos dientes de ajo, unas hojas de laurel y de pronto la cuadra entera huele a fiesta. Esta mujer destaca incluso en una región en el que las buenas cocineras abundan.

Aunque la madre es apacible siempre parece triste. En otoño parece languidecer junto con las hojas, tal vez por eso le permitió a la niña ir por su cuenta a la arena en las tardes. En su cocina parece revivir un poco, pero arrastra los pies y casi nunca ríe. Quizás no esté contenta, solo ruborizada por los vapores de la cocina.

Hoy, la niña está un poco asustada porque perdió la noción del tiempo y ya ha oscurecido. No es invierno todavía pero los días empiezan a encogerse rápidamente. Ya a las seis de la tarde todo está oscuro y frío. Está apurada pero está segura de que no es grave.

De pronto, se da cuenta que se ha ido solamente con las pantuflas y ha olvidado las botas en los vestidores. La arena de ese pueblito es un lugar con pocos recursos, así que el conserje les ha pedido a los niños que usen chinelas cuando no tienen los patines puestos y transitan hacia la cafetería o los baños para evitar que las botas encharcadas arruinen el piso de madera.

En su apuro, la pequeña ha olvidado las botas. Ya va tarde, se da cuenta aterrorizada que si se devuelve a buscarlas llegará cuando la cena esté servida. Su padre estará ahí si no se ha quedado bebiendo en alguno de los bares del pueblo. ¡Será un desastre! Es posible que incluso revoquen el permiso para que vaya sola y muy posible que suspendan todo el proyecto de patinaje porque no se puede confiar en su responsabilidad.

Imagina a su madre seria, triste, decepcionada por su descuido. Casi está deseando que su padre llegue con una de sus borracheras escandalosas y que la madre, en su azoro no se dé cuenta de que la pequeña ha sido irresponsable. Comienza a correr, el corazón desbocado, las lágrimas vuelan proyectadas por el aire que produce la carrera. Quizás, si tiene suerte, su padre estará borracho y ayudará a que la madre no se dé cuenta que la chica no es de fiar.

Cuando ya va llegando se da cuenta de que es muy posible que el gimnasio esté cerrado. ¡Cómo no lo pensó! Quizás ha corrido para nada, o peor ha corrido para acentuar más su estupidez y su falta de sensatez. ¡Va a llegar más tarde y sin las botas! Va a llegar llorosa y la van a acusar de que no le importa matar a su madre del susto.

Está frente a la puerta. Trata de pulsar la manija pero está rígida. Alguien ha pasado la llave. Quizás si golpea con fuerza el conserje llegue a oírla. Desolada y casi sin aliento para llorar se recuesta de la puerta y esta cede. ¡Sí! Han ajustado la puerta para que se vea cerrada aunque esté destrancada. Por un momento, la esperanza de que todo va a salir bien se apodera de ella. Quizás llegue todavía a tiempo a su casa y su sueño de ser patinadora de figuras tenga un chance.

Comienza a correr hacia los vestidores y se da cuenta de que chapotea en el impecable piso de cemento que rodea la pista. En su prisa no se ha dado cuenta de cómo se empantanó. Ahora que se fija las pantuflas y toda la parte baja del pantalón están mojadas y sucias.

- ¡No importa! - piensa. El sucio puede cubrirse con la botas y siempre puede llegar a su habitación y cambiarse rápidamente. Luego, cuando nadie se dé cuenta ella limpiará todos los rastros de este desastre y la pesadilla habrá terminado.

Ya en el vestidor ve sus boticas que parecen un poco más pequeñas que lo usual, abandonadas y solas. Sus ojos se llenan de lágrimas. Todo va a salir bien después de todo. Pero el miedo la asalta otra vez. Se horroriza por su momento de sentimentalismo. ¡No puede perder tiempo! Tiene que actuar rápidamente. Decidida, mete las chinelas y las medias empringadas en el bolsillo externo del morral, donde el barro puede limpiarse con más facilidad. Sin dudarlo un instante mete sus pies desnudos en las botas. La piel interior de las botas se siente helada. Tiene que apurarse. El frío en sus pies puede terminar dándole fiebre y arruinarlo todo. Al menos eso dice su madre.

- "Abrígate los pies. No te quejes si mañana tienes fiebre."

El recuerdo materno le da escalofríos. Por un brevísimo instante cierra los ojos y repasa mentalmente lo que va a hacer. Respira profundamente y se pone en acción. Comienza a correr en dirección de la puerta pero oye voces. Se siente extrañamente aliviada de no estar sola, aunque espera que nadie la demore con preguntas. Se oyen risas y gritos, algunos insultos y palabras soeces de voces infantiles o aflautadas por la pubertad.

¡Claro! La puerta debe haber quedado destrancada para algún equipo o quizás algún grupo de hockey. Son los chicos tontos y parlanchines que practican allí, normalmente de día. Debe haber alguna competencia o algo especial y les han dado permiso para extender la práctica. Es bueno saberlo. La niña se permite una imagen optimista resultado del episodio y se imagina tarde, sola, practicando sus piruetas en patines, preparándose para una gran competencia. Se siente más calmada. Todo va a salir bien. Está segura.

Cuando ya está a punto de alcanzar la puerta escucha que la llaman.

- ¡Epa! ¡Niñita!

Es una voz rara. No es infantil pero tampoco es adulta. Se le han salido los gallos. Es la voz de un adolescente tratando de parecer un adulto sin éxito. Ella lo ignora, no quiere perder tiempo dando explicaciones y ya está muy cerca de irse. Si no estuviera tan apurada le daría risa. La pesada puerta demora su intento de desaparecer y entonces oye al grupo gritar y correr.

- ¡No la dejen escapar! ¡Sujétenla antes de que salga! ¡Corre! ¡Tú! ¡Cúbrele la boca! ¡Que no grite!

La niña se da cuenta de que algo más pasa, pero no llega a comprender que los gritos se refieren ella. La curiosidad la gana y sin alcanzar a tener miedo voltea justo a tiempo para darle el frente a un muchacho sudoroso de unos catorce años que casi la aplasta contra la puerta. Todavía no comprende qué pasa ¿Tiene puestos todavía sus patines? ¿Por qué no paró antes de abalanzarse sobre la puerta? ¿Acaso no la vio?

El olor amargo del sudor del muchacho es opacado por las risas estruendosas y falsas de los otros chiquillos que empiezan a burlarse de la torpeza de este muchacho.

- ¡Espéranos! ¿Acaso quieres volverla una estampilla antes de que la compartamos? ¡Eres un idiota! ¡Vamos! ¡Enamórala con tu sexy voz de gallos!

La niña empieza a experimentar la escena en cámara lenta. Ve la cara intensamente roja del chiquillo que la ha aplastado, aunque no está sudado. Algo no encaja. Ve que de él salen numerosas manos y brazos tratando de sujetarla, pero no ve caras o cuerpos. Es como si al cuerpo de su agresor le hubieran crecido brazos y se estuviera volviendo un pulpo o un dios hindú de esos de múltiples brazos.

Se da cuenta de que ella ahora yace en el piso. No porque haya notado el cambio de postura sino porque su cráneo ha golpeado el piso y escucha el sonido desde dentro de su cabeza como una explosión con un dolor agudo. Entonces nota que empiezan a desvestirla. Todavía siente una vaga irritación porque esto va a demorarla y va a eliminar cualquier chance de llegar a tiempo. Aunque no está muy segura de qué es "esto" exactamente. Todo parece moverse como si estuvieran bajo el agua.

Un chiquillo apenas un poco más grande que ella hace algo completamente incomprensible y ridículo. Abre su blusa y empieza a chupar los pezones infantiles, alternando con largas lamidas que causan falsa hilaridad entre sus atacantes. Ella alcanza a notar que los chicos están tan aterrados como ella. Ríen para que los demás no noten el susto. Hay manos por donde quiera. Deben ser como seis en total, pero hay al menos dos en la retaguardia de pie, como si se estuvieran preparando para orinar.

El mayor y más alto, el que la sujetó al principio, está forcejeando por quitarle los pantalones que se han atascado porque no quitó las botas primero. Casi le da risa. Ella cometía ese error todo el tiempo cuando estaba más chica. El recuerdo de su padre, cariñoso y paciente ayudándola a sacar las botas atascadas en los pantalones la consuela un poco. ¡Ojalá su padre esté en casa cuando ella llegue!

El chico que está forcejeando con los pantalones nota su media sonrisa y se ruboriza intensamente. La mira con odio y carraspea buscando reunir el moco que se acumula en su garganta, como hace cuando está practicando hockey. Entonces la escupe en la cara. Sin embargo, el escupitajo cae en su cabello rubio muy cerca de la frente. Por alguna razón esto causa una ola de risas escandalosas y uno de los chicos que está de pie comienza a mostrar signos de asfixia mientras forcejea con su braguieta. Ella sabe que no debería mirar pero está hipnotizada. Los chicos parecen darse cuenta de que algo importante está pasando porque se apartan y casi la sueltan para ver el espectáculo que ofrece el chiquillo.

Todo pasa muy rápido pero ella puede ver el pene medio infantil que el chiquillo jalonea desnudo por entre su bragueta como si quisiera arrancarse la piel. Entonces eyacula y se desploma de rodillas muy cerca de su cara. Se hace un silencio larguísimo. Parece que el tiempo se hubiera congelado. La niña alcanza a imaginarse a su madre comenzando a preocuparse y se da cuenta de que si quisiera podría echar a correr porque los chicos están más fascinados con el niño que acaba de eyacular que pendientes de retenerla.

Sin embargo, le duele la cabeza, algo se ha roto en su espíritu que se da cuenta que ya nada es importante y que ella nunca será una estrella del patinaje de figuras sobre hielo. Se siente ridícula de siquiera habérselo propuesto. La irrita ignorar qué viene ahora y no saber cuánto va a durar. Quiere irse a casa, está cansada y siente rabia de tener que explicarle a su madre por qué llega tarde.

El otro chico que estaba masturbándose se pone de rodillas empujando al grandote despechado que tras escupirla parece hacer grandes esfuerzos para ocultar sus lágrimas. Los chicos parecen recordar que tienen que sujetarla fuerte y comienzan a apretar sus manos y brazos a pesar de que ella no opone ninguna resistencia. Si alguien viera la escena desde fuera pareciera que tratan de elevarla del piso para ofrecerla al chico que se masturba, pero en realidad ella yace pesada, adherida al suelo ¡Luce tan pequeña en medio de estos chicos que son solo unos pocos años mayores que ella!

El chico se frota rítmicamente como si estuviera tras algo que puede rápidamente perderse si no se concentra. Sus ojos están apenas entreabiertos y con su mano libre comienza a palpar el vientre de la niña. Sin violencia, casi con delicadeza y timidez. Ella siente escalofríos y su piel se eriza con piel de gallina. Cuando la mano desciende internándose en la ropa interior de algodón como si quisiera llegar por esa vía hacia sus muslos ella siente una ráfaga de pánico. Se asusta por primera vez por lo que está pasándole. Por primera vez tiene la sensación de que esto puede terminar verdaderamente mal.

El chico sigue explorando con sus dedos entre los labios infantiles de su vulvita. Los escalofríos de ella se hacen mucho más intensos y una sensación de que se tiene que liberar antes de que sea demasiado tarde la posee y por primera vez lucha para liberarse. No siente dolor, al contrario, ha despertado una fuerza que sorprende a sus captores. Comienza a gritar como un animal herido.

El chico masturbándose cierra los ojos con gesto de impaciencia como si ella estuviera importunándolo con una pataleta y ella siente que la mano entre sus piernas se pone rígida como un garfio. Pronto todo ha concluido. Hay un silencio y todos parecen despertar.

La sueltan. Comienzan a ponerse de pie y en sus caras hay vergüenza. Un pequeñín casi de la edad de ella, o al menos casi de su estatura, rompe el momento con una carcajada obscena. Es obvio que no pueden tolerar el silencio y el bochorno de lo que acaban de hacer, así que comienzan a reír, a gritar, a felicitarse entre sí. A chocar las manos en lo alto como si acabaran de obtener una conquista deportiva en un partido de hockey. Nadie la mira.

Ella trata de ponerse de pie. De pronto el miedo de que la puedan dejar encerrada allí la asalta. No tiene idea cuán tarde es, pero tiene una urgencia terrible de volver a casa. Le aterra que la dejen tirada allí en el piso y que cierren la puerta tras de sí. Los chicos se alejan cabizbajos con ocasionales estruendosas carcajadas tratando de animarse como si en realidad acabaran de perder un partido.

La niña mira a su alrededor. Tiene todas sus pertenencias allí. Es cosa de que se apure a vestirse. Mientras, trata de desatascar su pantalón de las botas una sensación cálida y reconfortante la asalta entre las piernas. Todo sigue pasando a una velocidad anormalmente lenta, pero ella quiere apresurarse. Mira a su alrededor y se da cuenta de que acaba de orinarse. Termina de vestirse y dificultosamente se pone de pie. El dolor de cabeza es muy fuerte, pero de algún modo útil. La ayuda a recordar que no está en un sueño y que necesita llegar pronto a casa.

Debe haber caminado como un zombi porque no recuerda nada más hasta llegar a casa. Su padre está dormido con la cabeza reclinada en la mesa y su madre evidentemente ha llorado pero trata de parecer normal. La mira sin verla y sin notar nada raro.

- ¿Qué te ha pasado? ¡Te echamos de menos en la cena! Tu padre bebió hoy un poquitín más de la cuenta hoy. Le dije que estás muy entusiasmada con tus prácticas de patinaje que te obsesionan y acordamos que tenemos que organizarnos mejor para que patines y vuelvas a casa a tiempo ¡Vamos! ¿Está lloviendo? Cámbiate te puedes resfriar. Apúrate que hoy he preparado un guiso de cerdo para chuparse los dedos. A tu padre le ha encantado - finaliza incapaz de ocultar el temblor de lloro en su voz.

La niña se da cuenta de que, a pesar de todo, ha llegado a tiempo, pero ya no le importa. Solamente quiere deshacerse de los pantalones mojados de orine. Ponerse su ropa de dormir fresca y limpia. Volver a ser una niña incauta. Una niña sin sueños de grandeza y planes de patinaje. Una inocente que pueda reunirse con sus amigas y hacer cosas triviales, estúpidas que no requieran ningún plan, ningún tiempo extra esforzándose en una arena en la que haya niños tontos como ellas haciendo cosas estúpidas de las que después se avergüenzan.

- ¿Qué tienes hoy Bella? ¡Corre! ¡Cámbiate!

La niña corre a su cuarto. Se desviste como una autómata. Se ducha muy rápidamente tratando de no mojarse el cabello y sin importarle que el agua está helada. Se seca a trompicones y se pone una ropa de dormir fresca y crujiente. Como no se ha lavado el cabello, pero tampoco lo ha protegido con un gorro, las puntas lucen mojadas y todavía se ven algunos pegotes. No le importa. Se peina lo mejor que puede, ata el cabello en una cola de caballo y corre a la mesa.

Huele delicioso. Los trozos de puerco se abren mostrando su fibra rosada y tierna por horas de lenta cocción. La papa casi se ha deshecho pero sobrevivientes pedazos de verduras y diminutas zanahorias parecen sacar sus cabecitas fuera del caldo espeso como si necesitaran respirar. La madre pone un caso de arroz blanco humeante junto al tazón con el cocido de puerco.

- ¡Come, come! ¡Debes estar hambrienta después de tanto practicar! ¡Ten cuidado está calentísimo!

Bella ataca el cocido con su cuchara sopera, lo sopla impaciente apurando la sensación. Vierte el contenido de la cuchara que está justo en el límite para quemarla, aunque no completamente. El sabor explota en su boca.

- Ahhhhhhhhh. Se siente protegida y en paz. Está en casa comiendo el célebre cocido de puerco de su madre. Cuando traga se siente completa e inocente de nuevo. Se siente feliz.

# COLETOS

Inés mira a su hija con ojos de loca.

- Desgraciada, coño de tu madre, ya te voy a enseñar a limpiar el baño y a esconder los trapos sucios.

Hay un frenesí, una corriente eléctrica que se materializa en los largos cabellos de la niña, mientras la mamá la arrastra brutalmente.

Juanita se rehúsa a llorar. En cambio, mira a su madre con reproche y esto enfurece aún más a Inés únicamente puede ver cómo esta pequeña amenaza su respeto y con ello su existencia misma.

Hay situaciones en las que no hay alternativa para inclinarse hacia la humanidad propia. Como un condenado a muerte con sus pies encadenados a las manos que debe caminar a pasitos limitados. O alguien cuya piel alrededor de la boca fue devorada por una quemada y queda con una sonrisa involuntaria. No hay nada que hacer. La gracia y la dignidad se esfuman sin remedio.

Juanita conoce esta clase de pérdida cuando su madre está extraviada y usa la violencia para encontrarse. Cuando la arrastra por los cabellos y machaca cualquier posibilidad de defenderse y seguir siendo humana.

¿Quién sabe qué le pasa a Inés? Es posible que esté reconsiderando qué ha hecho con su vida. Esas autoevaluaciones vienen con largos periodos de mutismo que aterran a Juanita. La niña trata de entretenerla, de sacarla de su ensimismamiento. Le hace café, le pregunta por sus tejidos y se ofrece a hacer tareas en la casa. Todo es en vano. Como si viera una enorme ola que pronto va a explotar y a arrastrarla sin importar cuantos brinquitos ella haga presa de su terror mientras ve la pared de agua venírsele encima.

Tal vez Inés visitó a su vecina, la que vivió en Estados Unidos y tiene babuchas de tela para que los visitantes se despojen de sus zapatos antes de entrar no sea que arrastren dentro el sucio de la calle. El piso de su apartamento es brillante y todo luce como de museo, aunque la señora es como amargada y nunca ofrece nada cuando la visitan ¡Quizás es el demonio de la comparación lo que tiene a la madre enloquecida!

Inés solamente tuvo tres hijos. Sin embargo, lo lamenta en voz alta todo el tiempo. "Si me hubiera dedicado a criar cochinos, me llamarían Doña Inés, la cochinera." Entonces hay que reírse. Esa es la peor parte, hay que reírse de perder en la comparación con los cerdos. No hay manera de conservar la dignidad cuando hay que reírse de la propia humillación o cuando se es arrastrado por los cabellos o cuando hay que caminar a pasitos cortos con los pies encadenados a las manos o cuando los dientes están descubiertos por la falta de piel en una sonrisa involuntaria que dejó una quemadura.

Juanita tiene su nombre por la abuela materna, María Juana. Es la segunda hija y la más colaboradora y hacendosa. Eso hace que los maltratos por la limpieza sean todavía más injustos. En realidad, en esa familia todos están desorientados en cuanto a cómo mantener un apartamento limpio. La madre creció en un ranchito de piso de tierra, el cual, con el tiempo, fue mutando a una casita de bloques, pero nunca tuvo los refinamientos y complicaciones del apartamento en el que viven ahora.

El papá de Juanita sí creció en un apartamento de los "proyectos". Sin embargo, tampoco tuvo modelos de limpieza como los que se esperan hoy día. Su madre, la abuela paterna que Juanita nunca conoció, era una campesina de los Andes, tacaña hasta con el agua según contaba Inés. Posiblemente el padre tampoco tiene estándares muy claros en cuanto a la limpieza. Excepto que ahora tiene un bufete muy acomodado en el centro de la ciudad que lo limpia una señora que cobra caro, pero se nota que sabe lo que está haciendo. Los muebles siempre están pulidos y huele rico, como a ropa recién planchada. Da lo mismo, ¡los hombres no se supone que limpien!

Juanita se da cuenta de que las expectativas cambian todo el tiempo. Nadie enseñó a Inés a limpiar un baño y dios sabe que ella no sabe cómo enseñar a sus hijos a hacerlo tampoco pero entonces va y visita a Laura, la amiga con la casa como un museo y, sólo eso, basta para que reconsidere la manera cómo viven y se desespere de estar tan lejos de donde quisiera estar.

Es cierto que Juanita limpió el único baño del apartamento y también es cierto que lo hizo espontáneamente, sin que nadie la mandara, como una forma de darle una sorpresa a su mamá, en cuya frente estaba creciendo la oscuridad. Eso no la salva de la furia de la madre que se derrama sobre Juanita del mismo modo irremediable con el que la ola rompe sobre lo que se le atraviese.

En Venezuela, todas las cocinas y baños tienen un desaguadero para permitir que los pisos (y a veces las paredes) sean lavadas a tobazos o con mangueras. Los venezolanos tienen gran pasión por el agua, clara herencia de los antepasados Caribes que se pasaban más de un tercio de su existencia en el río o en el mar.

Los caraqueños, especialmente adoran bañarse varias veces al día con el más mínimo pretexto. Años de escases de agua corriente ha impactado muy poco ese amor irracional por el agua en el cuerpo.

Entonces el bañito - sempiternamente ocupado - de lozas rojas en el piso y porcelanas blancas en las paredes es facilísimo tanto de limpiar como de ensuciar. Aunque se vea pringoso con restos de jabón de pasta y a veces con el olor amoniacal del orine, para limpiarlo basta con un momento refregando las piezas con cloro y detergente, seguido de gran cantidad de agua clara. Si no hay apuro se deja que el agua se vaya por el desagüe y entonces con trapos de camisetas de algodón viejo se pulen las losas y el baño queda fresco y brillante por unos cuantos minutos, hasta que el intenso tráfico lo empañe y ensucie de nuevo.

Pero si hay alguien esperando entonces hay que ayudar el agua con los trapos, y apurar el proceso. Estos son los "coletos" que Juanita usó. Habitualmente se ponen a secar en el tendedero de la terraza, pero hoy está llena con la ropa que lavó la madre y, al ser trapos, es la clase de artículo feo que Juanita sabe que le pone a su madre los pelos de punta.

Técnicamente, la niña no escondió los coletos para ahorrarse trabajo como implica la acusación de su madre. Sólo los lavó lo mejor que pudo y los puso a secar en un alambrito en donde no se vieran mucho detrás de la batea. Y esto bastó para que la madre, en el rompiente de su desazón, enloqueciera. Con saña arranca el alambrito, estruja los trapos en la cara a la niña y la suelta con una profunda mirada de decepción que humilla más a Juanita que la arrastrada por los cabellos.

En este punto torrentes de lágrimas bajan por los ojos y nariz de la pequeña Juanita. Tiene solamente diez años y es quizás la que sabe limpiar mejor los diferentes espacios del apartamento donde vive con sus padres y hermanos. Eso no hace diferencia. Ya conoce la humillación y le fealdad ineludible de quien camina con pasos encadenados, o sonríe involuntariamente porque le falta piel para cubrir sus dientes o de quien se ríe falsamente porque se le considera menos valioso que un cerdo.

Su madre que le debe protección, en cambio, le seca las lágrimas estrujando en su cara un coleto de aspecto ruinoso que, sin embargo, está bastante bien lavado. Ésa es la venganza de Juanita.

# MÁS SOBRE CODEPENDENCIA

La codependencia es una condición muy malentendida y, sin embargo, devastadora. Por la manera como metamorfosea es difícil de diagnosticar y recibir tratamiento por lo que no hay estadísticas ciertas de cuántas personas sufren la condición.

Los cálculos más dramáticos vienen de las personas implicadas y víctimas en violencia doméstica, suicidios y posiblemente una proporción de homicidios y actos violentos pero la codependencia abarca mucho más sufrimiento innecesario.

Se puede encontrar más información sobre la codependencia y su recuperación en el sitio de Codependientes Anónimos

https://coda.org/es/

En mi sitio web www.maruruzicka.com hay más información de mi historia, experiencia y recorrido con la codependencia.

Interesados en charlas y presentaciones del libro pueden comunicarse a través de gratitud@maruruzicka.com

# **About the Author**

Escritora, lingüista e investigadora con años aprendiendo sobre codependencia y su recuperación. He explorado temas humanos y espirituales como límites saludables y relaciones amorosas. Mis investigaciones incluyen temas como el perdón, la autocompasión, la búsqueda del amor verdadero, el uso de las herramientas espirituales y cambios o enmiendas necesarias para la recuperación de la codependencia.

En esta búsqueda he aprendido el componente espiritual y de crecimiento de emociones difíciles como el miedo y los resentimientos, así como del poder silencioso, debilitante, progresivo y fatal de la codependencia.

Read more at https://www.maruruzicka.com/.